AF119249

BEI GRIN MACHT SICH IHR
WISSEN BEZAHLT

- Wir veröffentlichen Ihre Hausarbeit,
  Bachelor- und Masterarbeit

- Ihr eigenes eBook und Buch -
  weltweit in allen wichtigen Shops

- Verdienen Sie an jedem Verkauf

Jetzt bei www.GRIN.com hochladen
und kostenlos publizieren

Thomas Hoffmann

Finding the Closest Pair of Points (Divide and Conquer)

GRIN Verlag

Bibliografische Information der Deutschen Nationalbibliothek:

Die Deutsche Bibliothek verzeichnet diese Publikation in der Deutschen National-
bibliografie; detaillierte bibliografische Daten sind im Internet über http://dnb.d-
nb.de/ abrufbar.

Dieses Werk sowie alle darin enthaltenen einzelnen Beiträge und Abbildungen
sind urheberrechtlich geschützt. Jede Verwertung, die nicht ausdrücklich vom
Urheberrechtsschutz zugelassen ist, bedarf der vorherigen Zustimmung des Verla-
ges. Das gilt insbesondere für Vervielfältigungen, Bearbeitungen, Übersetzungen,
Mikroverfilmungen, Auswertungen durch Datenbanken und für die Einspeicherung
und Verarbeitung in elektronische Systeme. Alle Rechte, auch die des auszugsweisen
Nachdrucks, der fotomechanischen Wiedergabe (einschließlich Mikrokopie) sowie
der Auswertung durch Datenbanken oder ähnliche Einrichtungen, vorbehalten.

Impressum:

Copyright © 2012 GRIN Verlag GmbH
Druck und Bindung: Books on Demand GmbH, Norderstedt Germany
ISBN: 978-3-656-54708-2

Dieses Buch bei GRIN:

http://www.grin.com/de/e-book/264780/finding-the-closest-pair-of-points-divide-
and-conquer

GRIN - Your knowledge has value

Der GRIN Verlag publiziert seit 1998 wissenschaftliche Arbeiten von Studenten, Hochschullehrern und anderen Akademikern als eBook und gedrucktes Buch. Die Verlagswebsite www.grin.com ist die ideale Plattform zur Veröffentlichung von Hausarbeiten, Abschlussarbeiten, wissenschaftlichen Aufsätzen, Dissertationen und Fachbüchern.

Besuchen Sie uns im Internet:

http://www.grin.com/

http://www.facebook.com/grincom

http://www.twitter.com/grin_com

Finding the Closest Pair of Points (Divide and Conquer)

Thomas Hoffmann

12. Januar 2012

Kurzfassung

In folgender Ausarbeitung wird ein effizienter „Divide & Conquer"-Algorithmus zur Bestimmung desjenigen Punktepaares, welches unter einer Menge von Punkten den geringsten Abstand zueinander aufweist, vorgestellt.

1 Einleitung

Ein Bestandteil vieler komplexer Algorithmen ist es, aus einer Menge von Elementen die beiden zu finden, welche sich in bestimmten Eigenschaften am stärksten ähneln. Hierfür kann das „Finding the Closest Pair of Points"-Problem herangezogen werden, indem man die Elemente entsprechend zweier Eigenschaften auf einer Ebene platziert. Das Punktepaar mit dem geringsten Abstand zueinander sind dann gerade die Elemente, welche sich in Bezug auf die beiden gewählten Eigenschaften am ähnlichsten sind.
Es gibt aber auch direkte Anwendungen des Problems, zum Beispiel in der Flugsicherung: Die Gefahr einer Kollision ist dort am höchsten, wo sich zwei Flugzeuge am dichtesten beieinander befinden [3].
Eine effiziente Lösung dieses Problems ist daher essentiell für viele Algorithmen.

2 Grundlagen

Thema dieser Ausarbeitung ist ein Algorithmus von M. I. Shamos und D. Hoey zur Lösung des „Finding the Closest Pair of Points"-Problems, welcher auf einem „Divide & Conquer"-Ansatz beruht. Diese Art von Algorithmen löst ein gegebene Problem, indem es dieses zunächst in mehrere kleinere, oft auf triviale Weise zu lösende, Teilprobleme zerlegt. Aus diesen Teillösungen wird dann in einem nächsten Schritt die Lösung für das ursprüngliche Problem zusammengesetzt.
Ein bekanntes „Divide & Conquer"-Beispiel ist der *Mergesort*-Sortieralgorithmus. Hier wird die zu sortierende Liste immer weiter aufgeteilt, bis schließlich lediglich zwei Elemente sortiert werden müssen. Dann werden zwei so sortierte Listen zusammengefügt, indem jeweils die ersten Elemente verglichen werden und das Minimum in die Rückgabeliste eingefügt wird. So wird jedes Element lediglich mit einem weiteren verglichen, weshalb das Zusammenfügen in linearer Zeit abläuft. Da zu Beginn das Problem immer halbiert wurde, müssen insgesamt $\log n$ Teilprobleme gelöst werden, was zu einer Gesamtlaufzeit von $\mathcal{O}(n \log n)$ führt.
Als „Entfernung" zweier Punkte $P_1 = (x_1, y_1)$ und $P_2 = (x_2, y_2)$ wird im Folgenden die euklidische Distanz $\sqrt{(x_1 - x_2)^2 + (y_1 - y_2)^2}$ verwendet, prinzipiell lässt sich der vorgestellte Algorithmus aber für auch für andere Abstandsfunktionen verwenden [3].

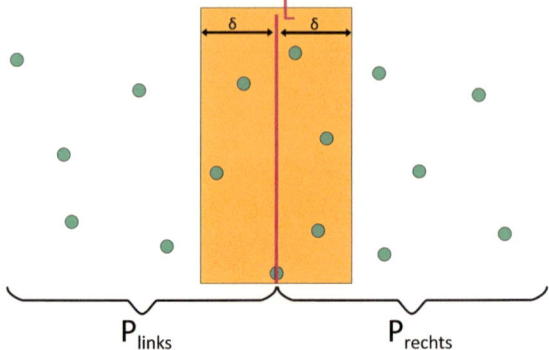

Abbildung 1: Die Probleminstanz wird in zwei Teilprobleme aufgeteilt, wobei die Punktemenge anhand einer Trennlinie L halbiert wird. Beim Zusammenführen der Teillösungen muss die δ-Umgebung von L genauer untersucht werden.

3 Der Algorithmus

3.1 Beschreibung

Um das „Divide & Conquer"-Prinzip anwenden zu können, muss eine gegebene Punktemenge in zwei möglichst gleich große Untermengen aufgeteilt werden können. Hierfür werden die Punkte zunächst anhand einer Koordinate sortiert, zum Beispiel mittels *Mergesort*. Nun wird die Problemgröße halbiert, indem die sortierte Punkteliste $P = (p_0, \ldots, p_n)$ in zwei Listen $P_{links} = (p_0, \ldots, p_{\lfloor \frac{n}{2} \rfloor})$ und $P_{rechts} = (p_{\lfloor \frac{n}{2} \rfloor + 1}, \ldots, p_n)$ unterteilt wird. Im Beispiel in Abbildung 1 werden die Punkte bezüglich der x-Koordinate sortiert, weshalb für de Teillisten die Bezeichnung P_{links} und P_{rechts} gewählt wurde.

Diese Aufteilung wird so lange rekursiv fortgesetzt, bis die Teillisten nur noch aus maximal drei Elementen bestehen. Nun wird unter diesen Punkten das dichteste Punktepaar bestimmt, indem die Distanz aller Punkte zueinander berechnet wird. Der Rückgabewert dieses Rekursions-Basisfalles ist dann die gefundene minimale Distanz beziehungsweise je nach Implementierung auch die dazu gehörenden Punkte.

Beim Zusammensetzen einer Lösung aus zwei Teillösungen werden dann die beiden Rückgabewerte δ_1 und δ_2 der Rekursionen verglichen und das Minimum $\delta = \min(\delta_1, \delta_2)$ gebildet.

Jetzt müssen lediglich noch die Punktepaare untersucht werden, bei welchen die beiden Punkte in jeweils unterschiedlichen Teilproblemen liegen, das heißt die Paare (p_1, p_2), für die gilt $p_1 \in P_{links}, p_2 \in P_{rechts}$. Offensichtlich reicht es hierfür aus, nur die Punkte zu beachten, welche in einer δ-Umgebung der Trennlinie liegen (Satz 1), weshalb zunächst diese Punkte bestimmt und entsprechend ihrer y-Koordinate sortiert werden. Die sortierte Liste dieser Punkte sei nun mit S_y bezeichnet. Es muss nun also überprüft werden, ob es in der Liste S_y zwei Punkte gibt, welche zueinander einen geringeren Abstand als δ haben. Wie gezeigt werden kann, reicht es hierfür aus, jeden Punkt in S_y nur mit seinen 15 Nachfolgern zu vergleichen.

Werden in S_y mehrere solche Paare gefunden, wird dasjenige mit dem geringsten Abstand zurückgegeben. Wird kein solches Paar gefunden, so ist der Minimalabstand aller Punkte immer noch δ und es wird das Punktepaar zurückgegeben, welches in den Rekursionsaufrufen gefunden wurde.

2

3.2 Korrektheit

Für die folgenden Beweise sei P eine Menge von zweidimensionalen Punkten $p_i = (x, y)$, welche anhand einer Trennlinie L in zwei Teilmengen P_1, P_2 unterteilt sind. OBdA sei L eine vertikale Linie, das heißt die Aufteilung in die beiden Teilmengen erfolgt anhand der x-Koordinate der Punkte.

3.2.1 δ-Umgebung

Das dichteste Punktepaar der jeweiligen Teilmengen sei bekannt und der Abstand sei mit δ_1 beziehungsweise δ_2 bezeichnet. Sei außerdem $\delta = \min(\delta_1, \delta_2)$ und $dist(a, b)$ die Abstandsfunktion, welche zur Bestimmung der dichtesten Punktepaaren in den Teilmengen verwendet wurde und die Dreiecksungleichung erfüllt. Außerdem sei der Abstand eines Punktes p zur einer Linie über die Länge der Senkrechten der Linie, welche durch p verläuft, definiert.

Satz 1. *Wenn es Punkte p_1, p_2 mit $dist(p_1, p_2) \leq \delta$ und $p_1 \in P_1, p_2 \in P_2$ gibt, so gilt: $dist(p_1, L) \leq \delta$ und $dist(p_2, L) \leq \delta$*

Beweis. Da p_1, p_2 in zwei durch L getrennte Mengen liegen, gilt offenbar

$$dist(p_1, p_2) \geq dist(p_1, L) + dist(L, p_2)$$

Nach Voraussetzung gilt außerdem $dist(p_1, p_2) \leq \delta$. Hieraus folgt

$$\delta \geq dist(p_1, p_2) \geq dist(p_1, L) + dist(L, p_2) \Rightarrow \delta \geq dist(p_1, L) + dist(L, p_2)$$

Die Behauptung folgt nun aus der Tatsache, dass die Abstandsfunktion *dist* nicht negativ werden kann. $\square$

3.2.2 Konstant viele Vergleiche in S_y

Eine der wichtigsten Erkenntnisse des Algorithmus ist es, dass nur der Abstand eines jeden Punktes der δ-Umgebung mit seinen 15 Nachfolgern in der sortierten Liste S_y berechnet werden muss, um ein Punktepaar mit geringerem Abstand als δ finden zu können (sofern ein solches überhaupt existiert). Um diese Tatsache beweisen zu können, stellt man sich ein „Gitter" in der δ-Umgebung vor, welches aus quadratischen Boxen mit Seitenlänge $\frac{\delta}{2}$ besteht, wobei in der 2δ breiten δ-Umgebung genau vier solcher Boxen nebeneinander positioniert werden (siehe Abbildung 2).

Satz 2. *In jeder so konstruierten Box befindet sich höchstens ein Punkt.*

Beweis. Annahme: Es gäbe eine solche Box, in welcher sich zwei Punkte p_1, p_2 befinden. Da der maximale Abstand einer quadratischen Box die Diagonale ist, gilt

$$dist(p_1, p_2) \leq \sqrt{\frac{\delta^2}{2} + \frac{\delta^2}{2}} = \frac{\delta}{\sqrt{2}} < \delta$$

Da jede Box aber komplett rechts beziehungsweise komplett links der Trennlinie L liegt, liegen auch p_1, p_2 komplett rechts bzw. links von L und befinden sich daher in der selben Untermenge P_1 bzw. P_2. Da nun δ aber als der minimale Abstand aller Punktepaare in P_1 und aller Punktepaare in P_2 definiert war, kann es weder in P_1 noch in P_2 ein Punktepaar geben, dessen Abstand kleiner als δ ist. Die Annahme ist daher falsch. $\square$

3

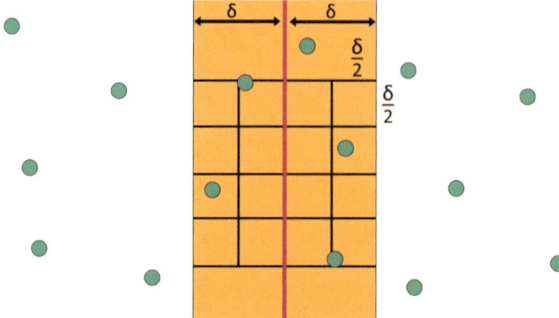

Abbildung 2: Die δ-Umgebung der Trennlinie L sowie einige für den Beweis von Satz 3 notwendige Boxen.

15	14	13	12
11	10	9	8
7	6	5	4
3	2	1	

Abbildung 3: 15 solcher Boxen bilden drei komplette Reihen, was einer Distanz von $3 \cdot \frac{\delta}{2}$ entspricht.

Satz 3. *Wenn es in der sortierten Liste S_y ein Punktepaar mit geringerem Abstand als δ gibt, so liegen diese beiden Punkte höchstens 15 Positionen weit auseinander.*

Beweis. Sei $p_1, p_2 \in S_y$ und $dist(p_1, p_2) < \delta$.

Annahme: p_1 und p_2 liegen in S_y mindestens 16 Positionen weit auseinander.

Wenn p_1 und p_2 in der nach y-Koordinate sortierten Liste S_y mindestens 16 Positionen weit auseinander liegen, so müssen sich mindestens 15 andere Punkte in S_y zwischen p_1 und p_2 befinden. Nach Satz 2 bedeutet dies, dass sich mindestens 15 Boxen zwischen p_1 und p_2 befinden. Nach Definition dieser Boxen passen hiervon aber lediglich vier nebeneinander in eine Reihe, folglich müssen sich zwischen p_1 und p_2 also mindestens drei Reihen von solchen Boxen befinden. Da jede Box eine Höhe von $\frac{\delta}{2}$ hat, ist die Höhe von drei Reihen solcher Boxen aber $3 \cdot \frac{\delta}{2} > \delta$, was im Widerspruch zur Voraussetzung $dist(p_1, p_2) < \delta$ steht. Die Annahme kann daher nicht stimmen. $\qquad \square$

3.3 Laufzeitanalyse

Durch das „Divide & Conquer"-Prinzip erhält man für den beschriebenen Algorithmus folgende Rekurrenzgleichung:

$$T(n) = 2 \cdot T(\frac{n}{2}) + T_{divide} + T_{merge}$$

Um die Gesamtlaufzeit mit Hilfe des Master-Theorems der Komplexitätsklasse $\mathcal{O}(n \cdot \log n)$ zuordnen zu können, muss nun noch $T_{divide}, T_{merge} \in \mathcal{O}(n)$ gezeigt werden.
Da allerdings sowohl für das Aufteilen der Probleminstanz in die beiden Unterprobleme, als auch zur Konstruktion der sortierten Punkteliste der δ-Umgebung S_y das Sortieren der Punkte notwendig ist, kann dies bei ungeschickter Implementierung auf Grund der unteren Laufzeitschranke für vergleichsbasiertes Sortieren zum Problem werden: Wird in jedem Rekursionsaufruf erneut sortiert, so ergibt sich die Rekurrenzgleichung $T(n) = 2 \cdot T(\frac{n}{2}) + \mathcal{O}(n \cdot \log n)$ deren Lösung nach dem Master-Theorem aber $\mathcal{O}(n \cdot \log n \cdot \log n)$ ist.
Es ist daher notwendig, vor dem eigentlichen Aufruf des Algorithmus, die Punkteliste P zwei mal zu sortieren: Einmal bezüglich der x-Koordinate und einmal bezüglich der y-Koordinate. Aus diesen beiden sortierten Listen lassen sich nun, durch Betrachtung der x-Koordinate eines jeden Punktes, in Linearzeit die sortierten Teillisten konstruieren, welche nur die Punkte der jeweils halbierten Probleminstanz beinhalten. Durch dieses Vorsortieren ist es nun möglich, sowohl T_{merge} als auch T_{divide} in $\mathcal{O}(n)$ zu implementieren. Abbildung 4 zeigt eine solche Implementierung.

3.3.1 Zusammenfügen der Rekursionslösungen

Für T_{merge} ist dies offensichtlich, da hier zum einen das Minimum der beiden Rekursionslösungen gebildet wird und zum andern die δ-Umgebung untersucht wird. Ersteres ist lediglich der Vergleich zweier Werte, weshalb hierfür nur konstant viel Zeit benötigt wird. Für die Untersuchung der δ-Umgebung muss zunächst die Liste S_y konstruiert werden. Diese ist aber lediglich eine Teilliste der bezüglich y-Koordinaten sortierten Punkteliste, die alle Punkte beinhaltet, bei welchen die x-Koordinate weniger als δ von der x-Koordinate der Trennlinie entfernt liegt. Nun muss noch untersucht werden, ob es in S_y ein Punktepaar mit geringerem Abstand als δ gibt. Wie bereits gezeigt, sind aber auch hierfür nur konstant viele Vergleiche von jedem Punkt aus notwendig, weshalb dies linear in der Anzahl der Elemente in S_y zu bewerkstelligen ist. Da $|S_y| \leq n$ gilt, ist also $T_{merge} \in \mathcal{O}(n)$.

3.3.2 Aufteilen der Probleminstanz

In T_{divide} muss zunächst die x-Koordinate der Trennlinie bestimmt werden. Hierfür genügt es, die x-Koordinate des Punktes in der Mitte der bezüglich x-Koordinaten sortierten Punktelist zu übernehmen. Nun müssen noch aus den bereits sortierten Listen die jeweiligen Teillisten erstellt werden, die dann an die Rekursionsaufrufe weitergegeben werden. Auch hierfür muss im Wesentlichen lediglich die x-Koordinate der Punkte mit der Trennlinie verglichen werden um sie der entsprechenden List zuordnen zu können. Liegen mehrere Punkte direkt auf der Trennlinie, so ist es wichtig zu beachten, dass die selben Punkte in den Listen für das jeweilige Unterproblem aufgenommen werden. Dies wird in einigen Implementierungen erreicht, indem man grundsätzlich alle Punkte auf der Trennlinie dem linken Teilproblem zuordnet[1]. Diese naive Lösung hat jedoch einen entscheidenden Nachteil: Haben alle Punkte die selbe x-Koordinate (zum Beispiel bei Anwendung des Algorithmus auf das eindimensionale Problem), so werden alle Punkte dem linken Teilproblem zugeordnet und die Problemgröße verringert sich nicht. Dies führt dazu, dass der Algorithmus niemals terminiert, weil nie der Rekursions-Basisfall erreicht werden kann.
Eine bessere Herangehensweise besteht darin, dass man die Sortierung vor allen Rekursionen zuerst bezüglich

---

[1] http://rosettacode.org/wiki/Closest-pair_problem zeigt eine solche Implementierung

```
1  Closest-Pair (P)
2      Construct Pₓ, P_y
3      return Closest-Pair-Rec (Pₓ, P_y)
4
5  Closest-Pair-Rec (Pₓ, P_y)
6      if | Pₓ | ≤ 3 → find closest pair by measuring
7
8      Construct Leftₓ, Left_y, Rightₓ, Right_y out of Pₓ & P_y
9      Pair_left  = Closest-Pair-Rec (Leftₓ, Left_y)
10     Pair_right = Closest-Pair-Rec (Rightₓ, Right_y)
11
12     δ = min (d (Pair_left), d (Pair_right))
13     Construct S_y out of Pₓ
14     Foreach s ∈ S_y do
15         compute distance to next 15 points in S_y
16     Let s, s′ be the closest pair in S_y
17
18     if d (s, s′) < δ → return (s, s′)
19     else            → return min (Pair_left, Pair_right)
```

Abbildung 4: Pseudocode des „Divide & Conquer"-Algorithmus zum Lösen des „Finding the Closest Pair of Points"-Problems in $\mathcal{O}(n \cdot \log n)$

der y-Koordinaten vornimmt, und dann aus dieser sortierten Liste mit Hilfe eines stabilen Sortieralgorithmus (zum Beispiel Mergesort) die bezüglich der x-Koordinaten sortierte Liste konstruiert. Wenn es mehrere Punkte mit der selben x-Koordinate gibt, ist so sichergestellt, dass diese in beiden Listen in der selben Reihenfolge auftauchen. Zum Teilen der Probleminstanz nimmt man nun den Punkt $P_x[\frac{n}{2}]$, also den Punkt in der Mitte der nach x-Koordinaten sortieren Punkteliste, und speichert sich dessen x- und y-Koordinate als M_x beziehungsweise M_y. Die Teilung von P_x geschieht nun einfach indem man die Liste in der Mitte trennt, also $Left_x = \{P_x[0], P_x[1], ..., P_x[\frac{n}{2}]\}$ und $Right_x = \{P_x[\frac{n}{2}+1], ..., P_x[n]\}$. M_x repräsentiert also anschaulich die Trennlinie L (Abbildung 1), denn offensichtlich gilt nun $\forall p_l \in Left_x, p_r \in Right_x : p_l.x \leq M_x \wedge p_r.x \geq M_x$, wobei $p.x$ die x-Koordinate von p darstellt.

Bei der Teilung von P_y beachtet man zuerst die x-Koordinate des entsprechenden Elementes p und unterscheidet dann drei Fälle:

- x-Koordinate $< M_x \to p \in Left_y$
- x-Koordinate $> M_x \to p \in Right_y$
- x-Koordinate $= M_x \to p \in Left_y$ falls y-Koordinate von $p \leq M_y$, sonst $p \in Right_y$

Mit dieser Aufteilung terminiert der Algorithmus also immer, wenn nicht mehr als drei Punkte die selben x- und y-Koordinaten besitzen. Eine Überprüfung dieser Eigenschaft kann in $\mathcal{O}(n)$ nach dem Sortieren der Punktemengen erfolgen.

Zusammenfassend stellt man fest, dass mit Hilfe der der Rekursion übergebenen vorsortierten Listen, die Konstruktion aller Teillisten und damit die Laufzeit von T_{divide} in $\mathcal{O}(n)$ liegt.

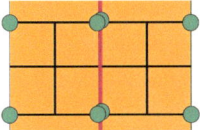

Abbildung 5: In zwei Reihen von Boxen können sich maximal 8 Punkte befinden - aber auch nur wenn es koinzidente Punkte auf der Trennlinie gibt, von denen jeweils einer in P_{links} und der andere in P_{rechts} liegt.

3.4 Verringerung der Anzahl notwendiger Vergleiche in der δ-Umgebung

Obwohl die asymptotische Laufzeit des Algorithmus im O-Kalkül nicht von der Anzahl der Vergleiche in der δ-Umgebung abhängt (solange diese zumindest konstant ist), lässt sich die tatsächliche Ausführungszeit verringern, indem man die Anzahl notwendiger Vergleiche minimiert.

Wie man an Abbildung 3 schnell sieht, reichen aber bereits 11 Boxen aus, um zwei komplette Reihen von Boxen und damit eine Distanz von $2 \cdot \frac{\delta}{2} = \delta$ zu erzeugen. Das heißt, dass nicht einmal 11 Elemente in S_y zwischen einem Punktepaar liegen dürfen, damit dieses einen Abstand kleiner als δ haben kann.

Doch auch diese Zahl lässt sich noch weiter verringern, indem man die Boxen immer so anordnet, dass der zu betrachtende Punkt genau auf der untersten Kante einer Box liegt, wie dies in Abbildung 3 bereits angedeutet ist. Dadurch ist, neben der Reihen in welcher sich der Punkt befindet, lediglich eine weitere Reihe nötig, um einen Abstand von δ zu erzeugen. Nach Satz 2 können sich in diesen beiden Reihen maximal 8 Punkte befinden (siehe Abbildung 5), das heißt für den aktuell betrachteten Punkt sind nur Vergleiche zu seinen 7 Nachfolger in S_y notwendig. Ist, zum Beispiel durch eine Überprüfung vor Aufruf der Rekursionen, bereits bekannt, dass es keine Punkte mit den exakt gleichen Koordinaten gibt, so sind sogar nur 5 Vergleiche notwendig, da es keine koinzidenten Punkte auf der Trennlinie geben kann [3].

4 Mehrdimensionales Problem

Das eindimensionale „Finding the Closest Pair of Points"-Problem lässt sich offensichtlich durch Sortieren ebenfalls in $\mathcal{O}(n \cdot \log n)$ lösen, doch wie verhält es sich für eine k-dimensionale Variante?

J. L. Bentley und M. I. Shamos wählten für das mehrdimensionale Problem folgenden „Divide & Conquer"-Ansatz: Um das Problem in Dimension k zu lösen, wird das Problem durch Trennung der Punktemenge an einer Hyperebene in zwei Teilprobleme der Dimension k aufgeteilt und diese werden dann rekursiv gelöst. Beim Zusammenführen der Teillösungen wird die δ-Umgebung auf die Trennebene projiziert und hier dann ein Problem der Dimension $k-1$ gelöst. Dieses Problem unterscheidet sich von dem zweidimensionalen „Finding the Closest Pair of Points"-Problem dahingehend, dass das δ bereits vorgegeben ist und nun alle Paare gesucht werden sollen, die einen Abstand kleiner als δ besitzen. Für die gefundenen Punktepaare wird dann deren Abstand in Dimension k berechnet und das dichteste Punktepaar zurückgegeben.

Für ein Problem der Dimension $k > 1$ mit n Punkten erhält man also folgende Rekurrenzgleichung:

$$T(n,k) = 2 \cdot T(\frac{n}{2},k) + T(n,k-1) + \mathcal{O}(n)$$

Da $T(n,k) \in \mathcal{O}(n \cdot \log^{k-1} n)$ gilt, steigt offenbar die Komplexität mit zunehmender Dimension des Problems. Bentley & Shamos ist es aber gelungen, durch Verschiebung der Trennebene die Anzahl der Elemente in der δ-Umgebung auf höchstens $k \cdot c \cdot n^{1-\frac{1}{k}}$ zu minimieren[2] und trotzdem die beiden Teilprobleme einiger-

---

[2]c ist hier eine von der Dimension k abhängige Konstante

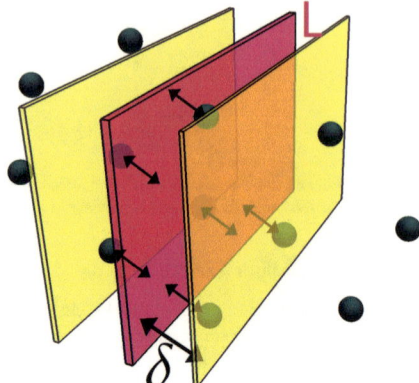

Abbildung 6: Idee des mehrdimensionalen Algorithmus: Durch Projektion wird das k-dimensionale Problem in der δ-Umgebung auf ein Problem der Dimension $k-1$ reduziert.

maßen balanciert zu halten. Die gleichmäßige Aufteilung des Problems wird also aufgegeben und stattdessen lediglich garantiert, dass jedes Teilproblem aus mindestens $\frac{n}{4k}$ Punkten besteht. Dafür verringert sich aber der notwendige Aufwand zum Zusammenführen der Teillösungen, denn es gilt $T(k \cdot c \cdot n^{1-\frac{1}{k}}, k-1) \in \mathcal{O}(n)$. Somit kann durch diese Methode nun auch das k-dimensionale Problem in $\mathcal{O}(n \cdot \log n)$ gelöst werden [1].

5 Zusammenfassung

Der vorgestellte Algorithmus ist eigentlich relativ simpel und der einzige Knackpunkt ist die Erkenntnis, dass nur konstant viele Vergleiche in der δ-Umgebung notwendig sind, um ein Punktepaar mit geringerem Abstand als δ zu finden. Trotzdem müssen für eine korrekte und effiziente Implementierung einige Details beachtet werden, wie zum Beispiel das Vorsortieren der Punktemenge vor dem Aufruf der Rekursionen oder das korrekte Aufteilen der Punktemenge damit sich die Problemgröße auch wirklich verringert. Gerade letzteres findet in der Literatur oft keine Beachtung, meistens wird lediglich vorausgesetzt, dass es keine Punkte mit gleicher x- oder y-Koordinate gibt.

Verbesserungen in der asymptotischen Laufzeit des Algorithmus sind auf Grund der untere Schranke $\Omega(n \cdot \log n)$ für vergleichsbasiertes Sortieren nicht zu erwarten, es ist jedoch möglich unter Zuhilfenahme einer Hashtabelle einen randomisierten Algorithmus zu entwerfen, welcher das „Finding the Closest Pair of Points"-Problem in erwartet $\mathcal{O}(n)$ löst [2].

Literatur

[1] Jon Louis Bentley and Michael Ian Shamos, *Divide-and-Conquer in Multidimensional Space*, (1976).

[2] Eric Braun, *Finding the closest pair of points (randomized)*, (2012).

[3] Thomas H. Cormen, Clifford Stein, Ronald L. Rivest, and Charles E. Leiserson, *Introduction to Algorithms*, 2nd ed., McGraw-Hill Higher Education, 2001.